Discovery EDUCATION

맛있는 과학

디스커버리 에듀케이션
맛있는 과학-38 남극과 북극

1판 1쇄 발행 | 2012. 5. 29.
1판 4쇄 발행 | 2018. 3. 11.

발행처 김영사
발행인 고세규
등록번호 제 406-2003-036호
등록일자 1979. 5. 17.
주 소 경기도 파주시 문발로 197(우10881)
전 화 마케팅부 031-955-3102 편집부 031-955-3113~20
팩 스 031-955-3111

값은 표지에 있습니다.
ISBN 978-89-349-5626-6 64400
ISBN 978-89-349-5254-1 (세트)

좋은 독자가 좋은 책을 만듭니다. 김영사는 독자 여러분의 의견에 항상 귀 기울이고 있습니다.
독자의견전화 031-955-3139 | 전자우편 book@gimmyoung.com | 홈페이지 www.gimmyoungjr.com
어린이들의 책놀이터 cafe.naver.com/gimmyoungjr | 드림365 cafe.naver.com/dreem365

최고의 어린이 과학 콘텐츠

디스커버리 에듀케이션 정식 계약판!

Discovery EDUCATION

맛있는 과학

38 | 남극과 북극

윤선희 글 | 문미경 그림 | 류지윤 외 감수

주니어김영사

차례

1. 지구의 극지방

2. 손발이 시려요!

3. 극지방의 신기한 현상

4. 극지방의 동식물

5. 전 세계가 보호하는 극지방

관련 교과

초등 3학년 2학기 2. 동물의 세계
초등 6학년 2학기 4. 계절의 변화

1. 지구의 극지방

여러분이 기억하는 가장 추운 날은 언제였나요? 눈이 펑펑 쏟아져 내리던 날인가요? 한강이 꽁꽁 얼던 날인가요? 아마 모두 다른 대답을 할 거예요. 하지만 세상 사람들 누구나 인정하는 가장 추운 곳이 있어요. 어디일까요? 바로 지금부터 우리가 함께 여행할 지구 양 끝의 극지방입니다. 자, 이제 떠나 볼까요?

남극 이야기

위도

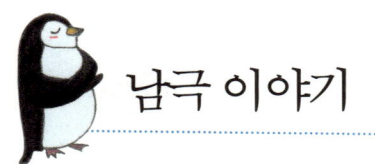

지구 위의 위치를 나타내는 좌표축 중 가로로 된 것을 위도라고 해요. 세로로 된 것은 경도라고 하지요. 위도는 적도를 0°로 하여 남북으로 각 15°씩 90°까지로 나누는데 북쪽을 북위, 남쪽을 남위라고 합니다. 각도를 나타내는 단위로는 °(도), ′(분), ″(초)가 있어요.

만년빙이라는 말을 들어 본 적이 있나요? 만년빙이란 수십만 년 동안 녹았다, 얼었다를 반복하며 얼음으로 굳어져서 이제는 녹지 않는 아주 커다란 얼음덩어리를 말합니다. 만년빙은 추운 극지방이나 높은 산지에 있어요. 그렇다면 극지방은 어디를 말할까요? 바로 지구의 양 끝에 있는 남극과 북극을 함께 부르는 말입니다.

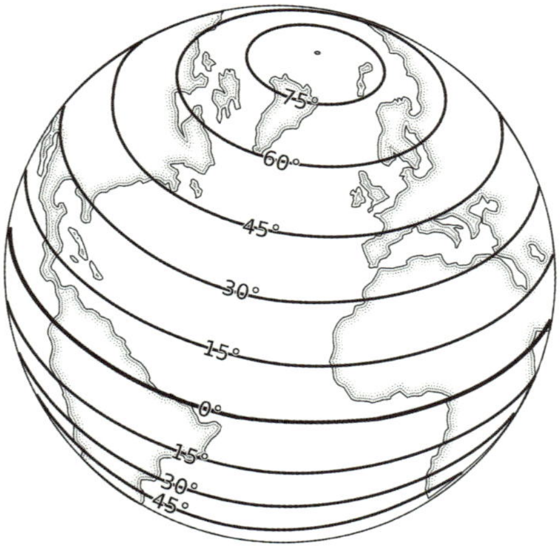

위도는 적도를 중심으로 남북으로 평행하게 그린 선이다.

우리가 처음으로 떠날 곳은 남극이에요. 남극은 지구의 남쪽인 남위 90°를 가리키기도 하고, 그곳을 중심으로 하는 지역을 뜻하기도 해요. 남위 90°인 곳을 남극점, 그보다 넓은 범위를 남극 지역이라고 구분해서 부르기도 합니다. 남극 지역은 남극점에서 남위 66.5°까지입니다. 면적은 약 1,440만㎢로 아시아, 아프리카, 북아메리카, 남아메리카에 이어 다섯 번째로 큰 대륙입니다. 남극은 땅의 약 98%가 얼음으로 덮여 있는데, 이 얼음은 평균 두께가 1.6㎞입니다. 1㎞는 1,000m이니까 평균 두께가 1,600m에 이르는 것이지요. 이 길이가 얼마나 되는 건지 궁금하지요? 2011년 대구에서 열린 세계육상선수권대회 종목으로 1,600m 계주가 있었어요. 400m 트랙을 네 명의 선수가 바통을 이어받으며 연달아 뛰는 경기이지요. 이 선수들이 뛴 길이가 남극 얼음의 두께와 같다니, 정말 믿기지 않지요? 이렇게 두꺼운 얼음이 얼려면 얼마나 추워야 할까요?

남극에서 관측된 가장 낮은 기온은 영하 89℃이었습니다. 냉장고의 냉동실 온도가 영하 20℃ 정도니까 영하 89℃인 남극은 냉동실 안보다 네 배 이상 추운 셈이지요.

남극의 범위

사람들은 어디까지를 남극이라고 불러야 할지 고민했습니다. 그래서 남극 지역에 대한 정의는 무척 다양해요. 그중 하나가 여러 나라가 맺은 '남극조약'에서의 약속입니다. 남극조약에는 남위 60° 남쪽 지역을 '남극'이라고 하자는 내용이 담겨 있습니다. 물론 남극의 대륙과 섬들, 바다를 모두 포함해서요. 그리고 그리니치자오선(경도 0°)을 기준으로 동쪽을 동남극, 서쪽은 서남극이라고 부릅니다. 그리니치자오선은 영국 그리니치에 있는 자오선을 말해요. 자오선은 시각의 기준이 됩니다.

남극의 범위를 정하는 방법은 더 있습니다. 남위 66° 33′에서는 온종일 낮이거나 밤인 날이 생기는데, 학자들은 여기서부터 남극이라고 부릅니다. 혹시 남극과 북극은 6개월이 낮이고 6개월이 밤이라는 말을 들어 보았나요? 이런 일은 남극점과 북극점에서만 생기는 현상이에요. 남위 66.5°

영국 그리니치에 있는 그리니치자오선. ⓒ Apletters@the Wikimedia Commons

의 남쪽이나 북위 66.5°의 북쪽에서는 24시간이 밤이거나 낮인 현상이 일어납니다. 이런 현상은 지구가 약 23.5° 기울어진 상태로 돌기 때문에 나타납니다. 지구는 남극과 북극을 연결하는 선을 축으로 하여 하루에 한 바퀴씩 돕니다. 이를 지구의 자전이라고 해요. 낮과 밤이 생기는 이유도 지구의 자전 때문이지요. 그런데 이 자전축이 조금 기울어져 있으므로 지구의 축을 이루는 북극점과 남극점은 다른 곳과 달리 낮과 밤이 계속되는 현상이 일어납니다. 이런 현상이 생기면 우리가 생각하지도 못했던 문제가 벌어집니다. 너무 환해서 잠을 자기가 어렵다거나, 너무 어두워서 전기세가 많이 나오는 문제 등이 생기지요.

또 생물학자들은 남극 수렴선의 남쪽을 남극이라고 부릅니다. 남극 수렴선은 남극 대륙을 둘러싸고 흐르는 찬물과 북쪽의 따뜻한 물이 만나는 구

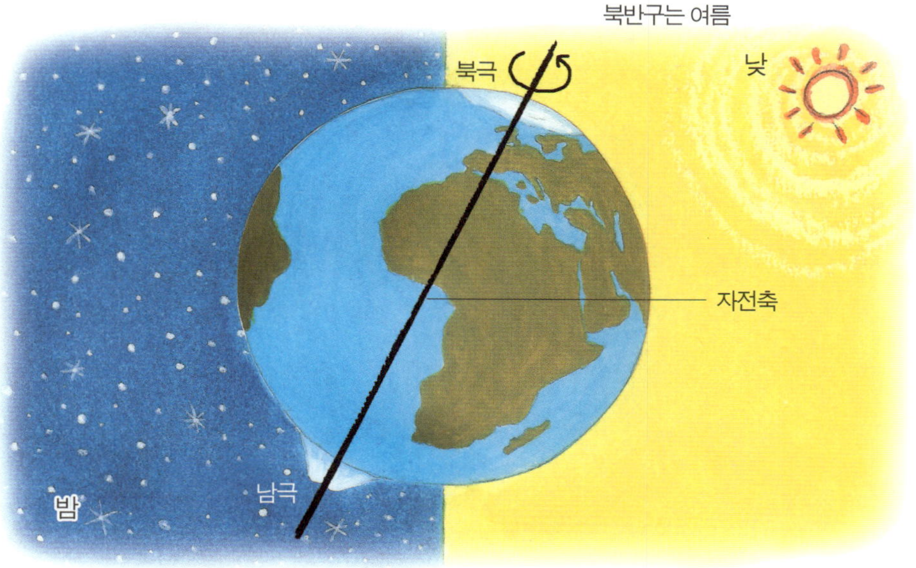

간이에요. 정말로 물 위에 선이 그려져 있느냐고요? 아니에요. 실제 남극 수렴선은 그냥 바다입니다. 남극 수렴선은 바닷물을 따라 움직이고 고정되어 있지 않아요.

남극에 대한 정의가 다양하다고 머리 아파할 필요는 없습니다. 남극에는 여러분이 좋아할 신기한 것들이 가득하니까요. 이런 신기한 것들을 조사하기 위해서 여러 나라가 남극에 연구 기지를 설치하여 과학 연구를 하고 있습니다. 우리나라도 남극의 킹조지 섬 바턴 반도에 세종과학기지를 설치했어요. 그곳에서 광물과 수산 자원, 생태계, 지층과 지형 등에 관해 활발히 연구하고 있습니다.

남극의 원주민

홍미로운 사실 한 가지가 더 있어요. 바로 남극에는 원래부터 살고 있던 원주민이 없었다는 사실입니다. 1911년, 탐험가들이 처음으로 남극 대륙을 발견했을 때 얼음으로 둘러싸인 이 땅에는 사람이라고는 한 명도 없었습니다. 문명이 시작되고 난 뒤 외부에서 들어간 사람들 말고는 아무도 없었어요. 북극에는 발견 당시 원주민이 살고 있었는데 말이지요. 그러면 북극보다 남극이 더 살기 어려운 곳이라는 결론을 내릴 수 있겠지요? 이처럼 사람의 흔적이 없었기 때문에 남극은 더 신비로워 보이는 땅이었습니다.

그러나 이제는 남극도 여름이 되면 남극을 탐험하려는 탐험가, 신비한 볼거리를 구경하려는 관광객과 등산가가 찾아오는 곳이 되었습니다. 이제 남극의 비밀이 하나씩 벗겨질 거예요.

이렇게 신비한 남극을 최초로 개척한 사람은 누구일까요? 바로 노르웨이의 탐험가인 아문센입니다. 아문센은 처음부터 남극을 개척하려고 탐험

에 나섰던 것은 아니었어요. 사실은 북극을 개척하려고 길을 나섰는데 미국의 탐험가인 피어리가 먼저 북극에 도착했다는 소식을 듣고 실망해서 남극에 도전했지요. 그 결과 아문센은 1911년 12월 14일에 세계 최초로 남극점에 도달했습니다.

우리나라는 언제부터 남극을 탐험하려고 했을까요? 1985년에 한국 해양소년단연맹과 문화방송이 처음으로 남극 관측 탐험을 계획했습니다. 이들은 남극에서 가장 높은 봉우리인 빈슨 산괴(4,897m)를 등정했습니다. 이는 세계에서 여섯 번째로 세운 기록이었어요. 어렵게 등정한 남극의 봉우리에 자랑스러운 태극기와 올림픽 휘장 등을 묻었습니다. 또 1994년 1월 11일, 허영호 등산가가 걸어서 남극점을 정복했습니다.

로알 아문센.

로알 아문센

Roald Amundsen, 1872~1928

노르웨이의 극지 탐험가입니다. 어렸을 때부터 북극 탐험을 꿈꾸었고 일등 항해사가 되는 등 차곡차곡 탐험 준비를 했습니다. 그리하여 인류 최초로 남극점에 도달한 탐험가가 되었습니다.

TIP 요건 몰랐지?

남극조약은 무엇일까요?

남극은 어느 나라에 속한 땅일까요? 많은 나라가 자기네 나라에서 가깝다거나 먼저 발견했다는 이유로 남극이 자기네 땅이라고 주장했습니다. 하지만 곧 남극의 깨끗한 환경을 보호하고 연구하는 것이 더 중요하다고 생각했습니다. 그래서 1959년, 미국, 영국, 러시아, 일본, 프랑스, 오스트레일리아, 뉴질랜드, 노르웨이, 남아프리카 공화국, 칠레, 아르헨티나, 벨기에의 12개국이 남극조약을 맺었어요. 어떤 나라도 남극이 자기 나라의 땅이라고 주장하지 못하도록 하는 내용이었습니다. 이는 어떤 나라도 남극의 주인이 될 수 없다는 뜻이지요. 그래서 그 누구도 남극을 군사적으로 이용하거나 남극에서 핵실험을 할 수 없게 되었어요. 그 대신 남극을 연구하고 싶은 과학자들이 자유롭게 오갈 수 있도록 하는 등, 오직 평화적인 목적을 위해 남극을 이용하게끔 규정했습니다.

남극에 있는 미국 최대의 관측 기지인 맥머도 기지.
ⓒ Eli Duke@the Wikimedia Commons

우리나라는 1989년 10월 18일에 핀란드, 페루와 함께 남극조약협의당사국의 자격을 얻었습니다.

북극 이야기

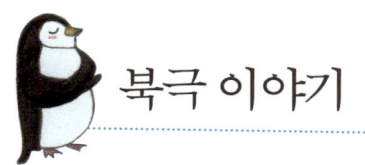

남극의 반대편에 위치한 북극은 북위 66° 30′의 북쪽 지역입니다. 지구 육지의 9.2%를 차지하고 있는 남극과 달리 북극은 대부분 얼음이 얼어 있는 바다입니다. 북극점을 중심으로 약 1,400만㎢의 북극해가 북극의 대부분을 차지합니다. 여기에 유라시아와 북아메리카 대륙의 북위 70° 내외, 캐나다 동부의 북위 60° 및 그린란드 지역과 아이슬란드의 일부를 포함하는 고위도 지방이 포함됩니다.

북극의 범위

북극 역시 남극과 마찬가지로 정의가 다양합니다. 천문학적 관점에서는 북위 66° 33′을 넘는 곳을 북극권이라고 합니다. 기상학자들은 가장 따뜻한 달의 평균 기온이 10℃ 이하인 지역을, 식물학자들은 나무가 자라는 한계선까지를 북극으로 봅니다. 이렇게 정의가 다양한 이유는 북극점이 바다에 위치해 있기 때문이에요. 바다에 있기 때문에 언제나 약 3~4m 두께의 얼음이 북극점에서 바람과 해류에 떠밀려 언제나 움직입니다. 남극점도 마찬가지입니다. 남극점을 덮고 있는 얼음도 1년에 10m씩 움직이고 있어요. 이렇게 남극과 북극을 정확하게 짚어 말하기 어렵기 때문에 남극은 남극 대륙, 북극은 북극해라고 말하는 것으로 단순하게 정의를 내리기도 합니다.

북극의 원주민

북극은 아시아, 아메리카, 유럽 대륙에 둘러싸여 있습니다. 그래서 남극과는 다르게 기후 조건이 좋고, 육지와 가까워서 4,000~5,000년 전부터 사람들이 살았어요. 스웨덴, 핀란드 북부와 노르웨이, 러시아의 콜라 반도, 캐나다, 알래스카, 시베리아 등에 사람들이 살았습니다. 북극 지방에 사는 사람들을 에스키모라고 부릅니다. 에스키모라는 이름은 흔히 '날고기를 먹는 사람들'이라는 뜻으로 알려져 있습니다. 날고기를 먹는 모습을 경멸하여 붙여진 이름이라고 알려졌기 때문에 북극 지방 사람들은 에스키모라고 불리는 것을 무척 싫어합니다. 하지만 에스키모의 뜻에 대해서는 여러 가지 의견이 있습니다. 눈신발의 끈을 묶는 방법을 뜻한다는 의견도 있고, 외국어로 말하는 사람을 뜻한다는 의견도 있어요. 현재는 북극 사람들 스스로 부르는 '이누이트'란 이름으로 많이 불립니다. 이누이트는 '인간'이라는 뜻이어서 부정적인 의미가 전혀 없습니다.

극지방에 사는 생물들이 그곳에 적응하기 좋은 몸을 가지고 있듯이, 이누이트도 극지방에서 견디기 좋은 신체 구조를 가졌습니다. 이누이트는 열을 보호하기 좋게 몸집이 작아요. 눈과 얼음에서 반사되는 햇빛으로부터 눈을 보호하기 위해 눈꺼풀은 두껍습니다. 이들은 여름에는 주로 천막에서 살고, 겨울에는 땅을 파서 반지하에 흙집을 짓고 살았어요. 흙집을 짓는 재료는 나무와 돌, 잔디, 짐승 가죽 등 다양했습니다. 또 눈이 아주 많이 오거나 이동할 때에는 눈으로 이글루를 짓고 살았습니다. 이글루를 만들기 위해서는 먼저 단단하게 엉겨 붙은 눈을 고래의 뼈로 만든 기다란 칼로 잘라서 벽돌 모양으로 만들어 놓아야 합니다. 그리고 이 눈덩이들을 쌓아 올려 반원 모양의 집을 만들지요. 벽돌 사이의 틈은 눈을 채워 메웁니다. 이렇게 집을 다 지은 뒤에는 이글루 안에서 불을 피워 집 안의 온도를 높입니다. 그

이글루를 짓고 있는 이누이트.

러면 눈이 녹으면서 벽의 빈틈을 더 꼼꼼하게 메워 주지요. 이때 문을 열어 추운 바람이 집 안으로 들어가게 하면 녹았던 부분이 얼면서 이글루가 더 단단해집니다. 이처럼 눈으로 집을 지으면 짓기에도 편하고, 사냥하기 위해 이동할 때 집을 버리고 갈 수 있어 편리합니다.

이글루는 눈으로 만들었으니 그 안이 춥겠다고 생각할 수 있습니다. 하지만 이글루 안은 생각보다 따뜻합니다. 최대한 틈을 없앴으니 바람이 쉽게 들어오지 못해요. 또 이누이트는 이글루 안이 추울 때면 바닥에 물을 뿌립니다. 바닥에 뿌린 물이 얼면서 열을 내보내어 실내 온도가 올라가기 때문이지요.

유럽과 아시아의 북극해 연안에 사는 또 다른 민족으로는 라프족과 사모예드족이 있습니다. 주로 스칸디나비아 반도 북부 라플란드에 사는 라프족은 순록을 키우면서 유목하며 생활했어요. 이들에게 순록은 중요한 식량이자, 썰매를 끄는 고마운 동물이었습니다. 또 순록의 가죽과 털을 이용해 옷

순록을 키우며 유목 생활을 하는 라프족.

을 만들거나 집을 짓는 재료로 썼어요. 순록이나 이리의 털로 만든 옷은 무게가 4~5kg 정도로, 무겁기는 하지만 어떠한 추위도 견딜 수 있을 만큼 따뜻합니다. 하지만 이제 이곳도 옛날과는 다르게 현대적으로 변하고 있어서 이제는 순록 썰매 대신 스노모빌이나 스노 스쿠터로 이동합니다.

이렇게 추운 지방에 사는 이들은 무엇을 먹고 살았을까요? 에스키모란 말에서 알 수 있듯이 이들은 예전에 날고기를 먹었어요. 이들이 날고기를 먹는 탓에 인상을 찌푸리며 미개하다고 말하는 사람들도 있습니다. 하지만 좀 더 생각해 보면 왜 날고기를 먹었는지 알 수 있어요. 이누이트는 얼음으로 둘러싸인 북극의 기후에서 식물이 잘 자라지 않는다는 사실을 금방 깨달았을 거예요. 식물이 잘 자라지 않기 때문에 부족한 비타민을 섭취하기 위하여 날고기를 먹게 된 것이지요. 익혀 먹으면 고기 속에 든 비타민이 파

로버트 피어리.

로버트 피어리
Robert Peary, 1856~1920

미국의 탐험가이자 군인입니다. 그린란드와 북극을 탐험하고 1909년 4월 6일에 북극점에 도달했습니다. 활발한 탐험으로 빙하의 형성, 에스키모 민속 등을 연구했습니다.

괴되거든요. 이런 과학적인 사실이 알려지면서 사람들은 오히려 이누이트의 지혜에 놀랐습니다.

현재 이누이트는 캐나다, 알래스카, 세계에서 가장 큰 섬이라고 알려진 그린란드 등 서로 다른 지역에 흩어져 살아서 언어와 관습이 많이 달라졌습니다. 예전 이누이트의 풍습과 문화가 거의 남아 있지 않아 안타까운 마음이 듭니다.

이렇게 신비한 북극을 맨 처음으로 탐험한 사람은 미국의 탐험가 피어리입니다. 피어리는 마치 북극 사람이라도 된 것처럼 이누이트와 함께 생활하면서 북극 생활을 익혔어요. 그러고는 1909년, 개썰매를 타고 북극점에 도착했습니다. 물론 단 한 번만에 성공한 것은 아니에요. 이런 극지방을 탐험하는 일은 무척 어렵고 힘들기 때문에 고된 도전을 거듭해야 했지요. 피어리는 동상에 걸린 발가락을 잘라내면서까지 계속해서 도전했습니다.

우리나라는 1991년 5월 7일, 나라로는 열한 번째, 팀으로는 열여덟 번째로 북극점을 정복했어요. 북극 탐험대인 '오로라 탐험대'의 최종렬 탐험가가 60일 열일곱 시간의 험난한 도전 끝에 북극점에 태극기를 꽂았습니다. 어떠한 탈 것도 이용하지 않고 걸어서 도달했다고 하니 정말 자랑스러운 기록입니다.

남극과 북극은 정반대일까요?

남극과 북극은 정말 모든 것이 정반대일까요?

남극과 북극은 끝과 끝에 위치한다는 차이점만 있는 것이 아닙니다. 먼저 이들은 남극 대륙과 북극해라는 이름에서 알 수 있듯이 겉보기에서부터 달라요. 남극은 대륙에 얼음이 덮여 거대한 땅을 이룬 것이고, 북극은 유라시아 대륙과 북아메리카 대륙으로 둘러싸인 바다에 눈이 내려 쌓인 것이지요. 북극해는 온도가 낮아지면서 바다가 얼고 얼음이 뒤덮여 생긴 땅입니다. 북쪽의 얼음 바다라고 할 수 있어요. 이렇듯 남극은 땅, 북극은 바다로 이루어졌습니다.

남극에서만 사는 황제펭귄.

북극에서만 사는 북극곰.

또 남극과 북극은 밤낮도 반대입니다. 남극과 북극은 낮만 계속되거나 밤만 계속되는 현상이 나타난다고 했지요? 이 두 곳은 정반대의 위치에 있는 만큼, 북극이 밤일 때 남극은 낮이 됩니다. 남극이 낮만 계속되면 반대로 북극에서는 밤만 계속되지요. 또한 두 곳 모두 계절이 여름과 겨울만 있는데, 북극이 여름일 때 남극은 겨울이 됩니다. 또 발견 당시 남극에는 원주민이 없었지만 북극에는 원주민이 살고 있었어요.

그러면 극지방은 서로 다르기만 할까요? 정반대의 현상이 나타나기는 하지만 눈과 얼음으로 뒤덮인 모습은 똑같습니다. 또 이 두 곳만큼 추운 곳은 찾아볼 수 없지요. 남극과 북극에서만 볼 수 있는 생물도 있습니다. 이렇게 남극과 북극은 정반대의 모습뿐만 아니라 닮은 모습도 찾아볼 수 있습니다.

TIP 요건 몰랐지?

남극에서 물 한 잔 값은 얼마일까요?

햇볕이 쨍쨍 내리쬐는 더운 여름날에는 시원한 물 한 잔을 마시면 온몸이 시원해집니다. 이때 꽁꽁 언 얼음을 넣으면 얼음이 녹으면서 물이 더 차가워집니다. 이처럼 얼음을 녹이면 물이 되니, 남극에서는 목이 마를 때 주위의 얼음을 녹여 마시면 되지 않을까요?

하지만 생각과 달리 남극에서는 물 한 잔을 마시기 위해 너무나 많은 것이 필요합니다. 얼음을 녹이기 위해서는 일단 얼음덩어리들을 모아야 하고, 또 얼음을 녹일 시설과 에너지가 필요해요. 다행히 남극의 얼음은 대륙 위에 쌓인 눈이 엉겨서 이루어진 얼음덩어리라 먹을 수 있습니다. 그러나 항상 추운 곳이므로 특별한 도구를 갖춰야만 얼음을 녹일 수 있습니다. 남극 기지에서는 눈 위를 달릴 수 있는 설상차로 얼음을 모아서, 발전기의 열을 이용해 녹여 마십니다. 물 한 잔을 마시기 위해서는 이렇게 많은 시설과 노력이 필요해요. 그러니 남극에서의 물 한 잔은 꽤 비싸겠지요?

Q&A 꼭 알고 넘어가자!

문제 1 남극점이나 북극점에서는 6개월이 낮이고 6개월이 밤이란 말이 있습니다. 이런 현상은 왜 일어날까요?

문제 2 북극은 남극과 달리 원주민이 살고 있었습니다. 날고기를 먹는 사람들이라는 뜻으로 잘 알려진 이 원주민의 이름은 무엇일까요?

3. 북극은 날씨가 춥기 때문에 식물이 무성하게 자라지 않습니다. 식물을 먹고 비타민을 섭취할 수가 없지요. 그래서 이누이트는 부족한 비타민을 채우기 위해 날고기를 먹게 되었습니다. 고기를 날 것으로 먹으면 고기를 익힐 때 파괴되는 비타민까지 섭취할 수 있습니다.

4. 남극과 북극은 정반대에 위치합니다. 또 남극은 대륙이고 북극은 바다예요. 그래서 남극을 남극 대륙, 북극을 북극해라고 부릅니다. 남극과 북극은 정반대에 있으니 밤낮은 물론 계절도 반대입니다. 그 밖에도 발견 당시 남극에는 원주민이 없었고 북극에는 원주민이 있었다는 차이점도 있어요.

문제 3 북극의 원주민이 날고기를 먹었다고 비하하는 사람들이 있습니다. 그들이 날고기를 먹었던 이유는 무엇일까요?

문제 4 남극과 북극의 다른 점은 무엇일까요?

정답

1. 지구가 약 23.5° 기울어진 자전축을 기준으로 돌기 때문이에요. 그래서 자전축을 이루는 남극점과 북극점에서는 낮이나 밤이 계속되는 현상이 일어납니다. 남극점과 북극점은 정반대에 있어서 남극이 낮이면 북극은 밤입니다.

2. 이누이트입니다. 날고기를 먹는 사람들이란 뜻으로 널리 알려진 에스키모라고 불렸지요. 그들 스스로는 인간이란 뜻의 이누이트라고 부르고, 현재는 다른 사람들도 주로 이누이트란 이름으로 부릅니다. 이누이트는 극지방에 견디기 좋은 신체 구조를 지녔기 때문에 북극에서도 잘 살아갈 수 있어요.

관련 교과

초등 5학년 2학기 1. 환경과 생물

초등 6학년 2학기 1. 물속에서의 무게와 압력

2. 손발이 시려요!

눈과 얼음이 가득한 극지방에 사하라 사막보다 건조한 곳이 있을까요? 극지방에는 우리나라의 과학 기지가 있는데, 그곳에 사는 과학자들은 춥지 않을까요? 그곳은 날마다 추울까요? 지금부터 남극과 북극의 날씨에 대해 더 자세히 알아보아요.

남극의 날씨

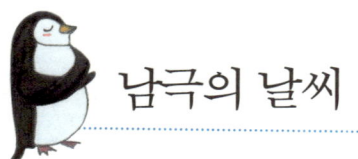

극지방을 생각하면 꽁꽁 언 얼음과 엄청난 추위, 매서운 칼바람이 떠오를 거예요. 생각만 해도 손발이 얼 것만 같지요? 하지만 이런 극지방의 매서운 추위에도 이로운 점이 있습니다. 극지방의 추위가 더운 적도 쪽으로 이동해서 지구가 지나치게 뜨거워지는 현상을 막아 주거든요.

남극과 북극 중 어느 곳이 더 추울까요? 정답은 남극입니다. 남극에 원주민이 살지 못한 이유도 그 때문일 거예요. 물론 남극이든 북극이든 지구의

양 끝에 있으니 태양에너지가 도달하는 양은 똑같이 적습니다. 게다가 얼음과 눈이 태양열을 반사하기 때문에 매우 추워요. 그런데 남극은 대륙의 약 98%가 얼음으로 뒤덮여 있어서 북극보다 더 많은 태양열을 반사합니다. 북극은 바다로 이루어져 있어 바다가 태양에너지를 흡수해서 대륙인 남극보다는 덜 춥습니다. 더욱이 육지가 바다에 비해 태양열이 더 빨리 식어요. 얼어 있는 대륙은 해가 떠 있는 동안 태양열을 받아 기온이 올라가지만, 해가 지면 열이 식어 몹시 추워집니다. 그런데 북극은 바다이기 때문에 해가 떨어져도 열이 식는 속도가 더디므로 남극보다 덜 춥지요. 이러한 사실은 남극과 북극의 온도 차이를 살펴봐도 잘 알 수 있어요. 그동안 북극에서 가장 추웠던 온도는 영하 77.8℃인데, 남극은 영하 89.2℃였습니다.

남극이 북극보다 추운 또 하나의 이유는 바로 강한 바람 때문입니다. 그중에서도 활강바람의 영향이 커요. 활강바람은 비탈을 따라 불어 내려오는 바람으로, 속도가 무려 시속 320㎞나 됩니다. 현재 KTX의 최고 속도가 305㎞

비탈을 따라 부는 활강바람. ⓒ fruchtzwerg's world@flickr.com

강수량

비나 눈, 우박, 안개 등이 일정한 기간 동안 일정한 곳에 내렸을 때 모인 물의 전체 양을 말합니다. 강수량의 단위로는 ㎜를 씁니다.

사하라 사막

아프리카 대륙 북부에 있는 세계 최대 규모의 사막입니다. 면적은 약 860만㎢이고, 동서의 길이 약 5,600㎞이고, 남북의 길이 약 1,700㎞입니다. 세계에서 가장 넓고, 가장 건조한 사막입니다.

이니 KTX보다 더 빠른 셈이에요. 바람이 너무 세게 불어서 기상을 관측하던 학자가 바다에 떨어져 사망한 일도 있고, 바람에 떠밀려 날아가는 여성 과학자를 구조한 일도 있을 정도입니다.

남극의 또 다른 신기한 특징은 습기가 많지 않고 건조하다는 점이에요. 얼음과 눈은 물이 얼어서 생기니까 남극에는 습기가 많을 것 같지요? 하지만 남극은 매우 건조하다고 알려져 있습니다. 사막으로 유명한 사하라 지역보다도 건조해요. 정확하게 측정할 수는 없지만 남극의 매해 강수량은 200㎜로, 연평균 강수량이 250㎜ 이하인 사하라 사막에도 못 미칩니다. 수많은 빙산도 오랫동안 눈이 쌓여 만들어졌기 때문에 증발하는 수분이 거의 없어서

드라이밸리.

매우 건조합니다.

그중에서도 가장 건조한 곳은 남극의 사막, 드라이밸리라는 곳입니다. 드라이밸리는 '메마른 골짜기'라는 뜻이에요. 이곳은 지난 200만 년 동안 비가 오지 않은 곳으로 유명합니다. 드라이밸리는 남극에서 하얀 얼음으로 뒤덮이지 않은 가장 넓은 곳입니다. 면적은 4,800㎢이고 얼어붙은 호수, 말라붙은 하천, 바위 조각과 항상 얼어 있는 땅으로 구성되어 있습니다.

드라이밸리는 다른 곳처럼 눈이 쌓여 있지 않고 바위와 모래가 드러나 마치 화성처럼 보이는 건조한 계곡입니다. 화성과 닮은 환경 때문에 이곳에서 화성 탐사선인 바이킹호를 시험하기도 했습니다. 드라이밸리에는 비가 오지 않고 1년에 10㎝가량의 눈이 오는데, 눈이 내리자마자 기체로 변해 날아갑니다. 이 지역의 토양은 돌처럼 딱딱하기 때문에 식물이 거의 자라지 못하고 이끼만 겨우 자라요. 이렇게 환경이 척박해서 척추동물은 전혀 없고 곤충만 몇 종류 살고 있습니다.

TIP 요건 몰랐지?

물로 폭탄을 만들 수 있어요!

남극의 온도는 무척 낮아서 냉동실보다 네 배나 더 춥습니다. 이렇게 기온이 낮으면 면섬유와 동물의 가죽, 털로 만든 모직물 이외에는 추위를 견디지 못하고 부서지거나 깨집니다. 고무나 플라스틱은 물론, 우리가 가장 튼튼하다고 믿는 금속도 약해지는 등 형태에 변화가 생깁니다. 그렇기 때문에 남극에서는 물도 함부로 버릴 수 없습니다. 만약 뜨거운 물을 마시다가 밖으로 나가 남은 물을 뿌리면 그 물은 폭발하고 말 거예요. 어떻게 이런 일이 일어나는지 궁금하지요? 물의 뜨거운 온도와 공기 중의 낮은 온도가 부딪치면 잠깐 동안 얼게 되어요. 잠시 어는 것이지만 우리의 눈에는 마치 물이 폭발하듯이 보입니다. 한마디로 물 폭탄이 되는 셈이지요. 이렇게 뜨거운 물조차 순식간에 얼려 버리는 남극의 추위, 정말 무시무시하지 않나요?

북극의 날씨

남극은 거의 모든 지역이 눈으로 뒤덮여 있는 데 반해 북극의 기후는 크게 두 종류로 나눌 수 있지요. 북극은 평균 기온이 0℃를 넘지 않는 빙설 기후 지역과 얼음으로 덮이지 않은 땅인 툰드라 기후 지역으로 나눌 수 있습니다. 그 밖에도 북극의 기후 구분으로는 극지 해양성 기후와 극지 대륙성 기후로 나누는 방법이 있습니다. 극지 해양성 기후는 겨울의 기온이 낮고 눈이 많이 내리며, 대서양과 태평양 연안에서 볼 수 있어요. 극지 대륙성 기후는 특히 겨울에 한랭하고 눈이 비교적 적게 내리며 북부 알래스카,

여기를 관광지로 소문내 볼까?
툰드라 지역은 나무가 없다더니 진짜 꽃식물이 많네.

러시아에 눈이 많이 와서 차가 파묻혔다. © АндрейРоманенко@the Wikimedia Commons

캐나다, 시베리아에서 볼 수 있습니다. 하지만 이렇게 추운 북극도 여름에는 태양이 빛나고 바람도 고요하게 불어 평온한 날이 많습니다.

그럼 북극에서 가장 추운 곳은 어디일까요? 바로 러시아 사하 공화국 동남부에 있는 도시, 오이먀콘이에요. 겨울에는 영하 70℃까지 떨어져서 남극을 빼고는 세계에서 가장 추운 지대에 속합니다. 1926년에는 무려 영하 71.4℃를 기록했어요. 이 마을은 2,000m 정도 높이의 산맥 세 개가 둘러싸고 있어요. 그래서 북극에서 내려온 찬 공기가 빠져나가지 못하고 오래 머물러 몹시 추운 날씨가 이어집니다.

얼음 이야기

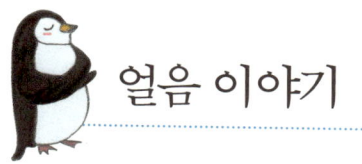

얼음에도 여러 종류가 있는데 극지방의 얼음들은 형태와 만들어진 방법에 따라 구분해요. 그래서 붙여진 이름 또한 제각각 다릅니다.

오랫동안 쌓인 눈이 얼음덩어리로 변해 그 자체의 무게로 압력을 받아서 눈에 띄지 않을 정도로 천천히 이동하는 현상이나 그 얼음덩어리를 빙하라고 하지요. 빙하는 지구 육지 면적의 약 10%를 차지하며 주로 남극 대륙과 그린란드의 해안을 따라 있어요. 빙하는 비탈면을 따라 미끄러지듯 흘러내

아이슬란드의 빙하. ⓒ Andreas Tille@the Wikimedia Commons

리며 움직입니다.

빙하는 대륙 빙하와 산악 빙하, 산록 빙하로 나뉩니다. 대륙 빙하는 남극 대륙과 그린란드에 있는 빙하처럼 넓은 지역을 평탄하게 덮은 빙하를 말해요. 산악 빙하는 알프스, 로키, 히말라야 산맥 등에서 보이는 빙하로, 산 계곡을 흘러내리는 빙하를 말합니다. 베링 빙하처럼 산악 빙하의 끝 부분에 해당하는 것이 산록 빙하입니다.

남극 대륙과 이어져 있지만 바다에 떠 있는 거대한 얼음덩어리를 빙붕이라고 합니다. 빙하가 바다로 흘러가서 300~900m 두께의 얼음덩어리가 되지요. 빙붕은 바닷물이 얼어붙어 생긴 해빙과는 다릅니다. 빙붕은 유일하게 남극에서만 볼 수 있는데, 빙붕 가운데 가장 큰 것은 로스 해에 위치한 로스 빙붕입니다. 프랑스 전체 면적과 비슷한 크기로, 남극 대륙의 빙붕 중 30%를 차지해요.

그 밖에도 빙산이라는 얼음덩어리가 있습니다. 봄여름과 같은 따뜻한 시

로스 빙붕. © lin padgham@the Wikimedia Commons

기에 바다에 있는 빙하의 끝 부분에서 떨어져 나와 생기거나, 빙붕이 깨져서 생겨요. 남극의 빙산은 주로 그린란드와 남극 근처에서 찾아볼 수 있습니다. 빙산의 수도 많고, 모두 크기가 큰 대형 빙산입니다. 아마 우리가 남극의 사진을 볼 때 보는 얼음덩어리는 대부분 이런 빙산일 거예요. 북극에도 빙산이 있는데 남극과 달리 수가 적고, 크기도 작습니다.

그런데 왜 남극의 빙산은 크기가 크고 높은데, 북극의 빙산은 크기가 작고 낮을까요? 그 이유는 얼음덩어리가 만들어진 환경 때문이에요. 남극의 얼음덩어리는 안정적인 땅 위에서 오랫동안 눈이 쌓여 만들어지므로 더 크고 높습니다.

남극과 북극은 빙산 모양도 다르게 생겼어요. 남극의 빙산은 남극 대륙에서 만들어진 탁자 모양의 빙붕이 바다로 미끄러지면서 생겼기 때문에 얼음의 윗부분이 평평하고 매끄럽습니다. 북극의 빙산은 바다 위에서 얼어붙

은 얼음이므로 표면이 불규칙하거나 산과 같은 모양을 하고 있어요.

우리가 눈으로 볼 수 있는 빙산은 전체 크기의 약 10%밖에 되지 않습니다. "빙산의 일각"이라는 말을 들어 본 적이 있을 거예요. 전체 가운데 아주 작은 부분을 의미하는 말이지요. 이는 실제로 우리가 빙산의 일부밖에 볼 수 없는 상황을 비유해서 만든 말입니다. 그래서 바다를 항해할 때는 빙산을 조심해야 합니다. 바닷속에 얼마나 큰 얼음덩어리가 잠겨 있는지 상상도 할 수 없기 때문이에요. 이런 얼음덩어리에 부딪히면 배는 산산조각 나고 말 거예요.

TIP 요건 몰랐지?

타이타닉호의 침몰

개봉 당시 큰 인기를 끌었던 영화 〈타이타닉〉은 실제로 있었던 타이타닉호 침몰 사건을 배경으로 만든 영화입니다. 타이타닉호는 무척 호화로운 배였습니다. 길이는 268m에 무게가 4만 6,000t으로 절대 가라앉을 수 없을 것처럼 보이는 배였어요. 사람들은 이 배를 '하늘의 신도 침몰시킬 수 없는 배'라고 불렀습니다. 하지만 이 배는 누구도 상상할 수 없었던 이유로 가라앉고 말았어요. 바로 빙산과 부딪혔던 것이지요.

1912년 4월 14일 밤 11시 40분, 항해 중이던 타이타닉호가 빙산과 부딪혔습니다. 그렇게 튼튼해 보이던 배는 2시간 40분 만에 가라앉고 말았어요. 2,200명이 넘는 승객과 승무원 가운데 1,500여 명이 목숨을 잃었습니다. 그제야 사람들은 빙산의 무시무시함을 알아차리고 빙산을 피할 수 있는 방법을 찾기 시작했어요. 빙산에 페인트칠을 해서 빙산의 움직임을 살펴보기도 했습니다. 현재는 인공위성이나 레이더 등의 첨단 기기를 이용하여 빙산의 움직임을 살피고 있습니다.

타이타닉호.

TIP 요건 몰랐지?

숨은 크레바스를 조심하세요

동물을 잡기 위해 설치하는 기구를 덫이라고 합니다. 덫을 만드는 방법은 무척 다양해요. 그중에는 땅을 파서 동물을 잡는 방법도 있습니다. 땅을 파서 덫을 만들려면 동물이 나오지 못하도록 땅을 깊숙하게 파야 해요. 그리고 그 위에 나뭇가지를 살짝 덮고 나뭇잎을 올려 둡니다. 땅을 판 흔적이 전혀 보이지 않게 해야 하지요. 그러면 동물들이 그곳에 덫이 있는지 모르고 지나가다가 구덩이 속에 빠지게 됩니다. 남극에도 이러한 덫이 있습니다. 바로 크레바스입니다. 동물들이 덫을 두려워하는 것처럼 사람들도 이 크레바스를 무척 무서워합니다.

얼음이 흘러내릴 때 틈이 생겨 갈라지게 되는데, 이 갈라진 틈이 바로 크레바스입니다. 밑바닥까지의 거리는 보통 10m 정도 됩니다. 이 크레바스 위에 눈이 쌓여서, 마치 나뭇가지와 나뭇잎으로 덫을 숨겨 놓은 것처럼 눈에 뜨이지 않는 함정이 됩니다. 빙하 지대를 탐험하는 사람들은 이 크레바스를 조심해야 해요. 크레바스에 빠지면 구조하기가 몹시 어려워서, 목숨을 잃을 수도 있어요. 그래서 탐험가들은 크레바스가 있을 듯한 지역을 지날 때는 줄로 서로의 몸을 감아 크레바스에 빠졌을 때에 대비합니다.

크레바스. ⓒ Jef132@the Wikimedia Commons

Q&A 꼭 알고 넘어가자!

문제 1 남극과 북극 가운데 어느 곳이 더 추울까요? 더 추운 곳이 어디인지, 그 이유는 무엇인지 말해 보세요.

문제 2 육지의 일부를 덮고 있는 얼음층을 빙하라고 합니다. 빙하에 대해 설명해 보세요.

3. 남극의 빙산은 크고 수가 많습니다. 그에 비해 북극의 빙산은 크기도 작고 수도 적지요. 이는 얼음덩어리가 만들어진 환경 때문입니다. 남극의 빙산은 안정적인 땅 위에서 오래도록 눈이 쌓여 만들어졌으므로 북극에 비해 더 크고 높습니다. 또 남극의 빙산은 남극 대륙에서 만들어진 탁자 모양의 빙붕이 미끄러지며 생겨서 얼음의 윗부분이 평평하고 매끄럽습니다. 북극의 빙산은 바다 위에서 얼어붙은 얼음이라서 불규칙하거나 산과 같은 모양을 하고 있지요.

문제 3 남극과 북극의 빙산은 수와 크기가 다릅니다. 그 이유는 무엇일까요?

정답

1. 남극이 더 춥습니다. 남극과 북극은 지구의 양 끝에 있기 때문에 똑같이 적은 양의 태양에너지가 도달하지만 남극은 대륙의 98%를 뒤덮고 있는 얼음이 태양열을 반사합니다. 더욱이 육지가 바다보다 태양열이 빨리 식으므로 남극이 더 추워요. 그리고 남극에는 거센 활강바람까지 붑니다.

2. 빙하는 오랫동안 쌓인 눈이 얼음덩어리로 변하여 천천히 이동하는 현상을 말합니다. 비탈면을 따라 미끄러지듯 아주 천천히 움직이지요. 혹은 움직이는 얼음덩어리도 빙하라고 해요. 빙하는 지구 면적의 약 10%를 차지하고 있으며, 대륙 빙하와 산악 빙하, 산록 빙하로 나뉩니다.

관련 교과

초등 6학년 1학기 1. 빛
중학교 2학년 5. 빛과 파동

3. 극지방의 신기한 현상

사막이 나오는 영화에서 주인공이 오아시스를 발견하고 걸었는데 계속 가도 오아시스가 나타나지 않는 장면을 본 적이 있나요? 이런 일은 신기루 때문에 벌어집니다. 신기루는 보통 사막에서 일어나는 현상이에요. 그런데 극지방에서도 신기루 현상이 일어납니다. 신기루뿐만 아니라 다른 신비한 현상도 일어나요. 극지방에서는 어떤 신비한 현상이 일어나는지 함께 알아볼까요?

환일과 환월

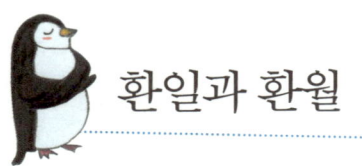

극지방에서 일어나는 신기한 현상들은 대부분 기온이 낮기 때문에 일어납니다. 가끔은 그 아름다운 장관에 흠뻑 빠져들기도 하지만, 그런 현상들 때문에 위험이 닥치기도 해요.

남극은 온도가 낮으므로 구름이 얼음 알갱이들로 만들어지는 경우가 많습니다. 이런 얼음 결정 때문에 태양의 열과 빛이 반사되고, 꺾이고, 흩어져요. 그 현상 중에 하나가 바로 무리해라고 불리는 환일입니다. 환일은 남극뿐만 아니라 북극에서도 일어납니다.

극지방에서 일어나는 환일.

무리해라는 이름처럼 환일은 태양이 마치 여러 개인 듯 보이는 현상입니다. 태양 주위에 생기는 가짜 태양은 태양의 빛이 얼음 결정을 지나면서 휘어지거나 반사되며 옅은 빛이나 흰빛이 생겨 만들어집니다. 이러한 흰빛 때문에 마치 태양이 여러 개인 것처럼 보이지요. 때로는 환일과 함께 마치 기둥처럼 보이는 해 기둥이 생길 때도 있습니다.

달 주변에서도 이런 현상이 나타납니다. 이 현상을 환월이라고 해요. 환일, 환월과 같은 현상은 밝은 날 얼음 평원에서 잘 보입니다.

해 기둥.

신기루

남극의 공기는 차고 건조하기 때문에 아주 깨끗하고 먼지가 없습니다. 그래서 멀리 있는 것이 가깝게 보이기도 합니다. 이처럼 물체가 실제 위치가 아니라 더 가깝게, 혹은 멀게 느껴지는 현상을 신기루라고 합니다. 신기루는 불안정한 대기층에서 빛이 휘어져 꺾이며 일어납니다. 주로 사막이나 극지방의 바다처럼 바닥과 대기의 온도 차이가 큰 곳에서 일어나요. 크게 더운 공기로 일어나는 신기루, 찬 공기로 일어나는 신기루로 구별할 수 있습니다.

신기루가 일어난 노르웨이의 바닷가. ⓒ peter fiskerstrand@the Wikimedia Commons

더운 공기가 일으키는 신기루에 대해서는 이미 많이 접했을 거예요. 더운 오후에 사막을 걷고 있는데 앞에 오아시스가 보여서 갔더니 아무것도 없는 현상이 바로 더운 공기로 일어나는 신기루입니다. 여름철 오후에 차를 타고 뜨겁게 달구어진 아스팔트 도로를 달리면 길 위로 물웅덩이가 보이는 현상 역시 더운 공기로 일어나는 신기루예요. 물웅덩이 말고도 사람 또는 나무의 그림자가 비춰 보이기도 합니다. 그러나 물웅덩이 근처에 도착하면 신기루가 사라지고 다시금 앞쪽에 물웅덩이가 있는 것처럼 보입니다. 1798년 나폴레옹의 군사들도 신기루를 겪었습니다. 원정을 간 이집트에서 호수와 풀잎을 보았던 거예요. 그러나 호수 근처로 가까이 다가가자 호수는 사라져 버리고 싱그럽던 풀잎은 야자수로 변하고 말았습니다.

신기루는
사막뿐만 아니라
극지방에서도 일어나.
남극
북극이야기

찬 공기로 일어나는 신기루는 북극해 같은 곳에서 잘 나타납니다. 바다 위로 떠내려가는 얼음덩어리가 큰 빙산으로 보이는 현상이 극지방에서 주로 찾아볼 수 있는 신기루입니다. 그 밖에도 작은 어장이 크고 화려한 궁전처럼 보이는 신기루가 나타나기도 합니다. 춥고, 보이는 것이라고는 얼음덩어리밖에 없을 때 이러한 화려한 궁전을 보면 얼마나 기쁘겠어요? 하지만 그곳에 가까이 가면 신기루는 사라지고 맙니다. 이처럼 신기루는 극지방을 탐험하는 사람들에게 신비한 모습을 보여 주며 그들을 유혹하기도 합니다.

화이트아웃

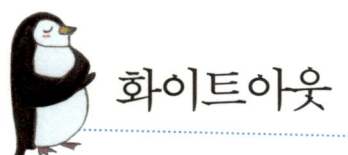

신기루처럼 신기하고도 위험한 또 다른 현상으로는 화이트아웃이 있습니다. 화이트아웃이란 눈이 많이 내려서 주위의 모든 것이 하얗게 보이고 거리감이 사라지는 현상을 말합니다. 화이트아웃을 백시 현상, 시야상실이라고도 부릅니다. 화이트아웃이 일어나면 물체가 멀리 있는지 가까이 있는지 구별이 안 되고 하늘과 땅의 구별도 어려워요.

두 사람이 걷고 있지만 화이트아웃 때문에 잘 보이지 않는다. ⓒ mdornseif@flickr.com

화이트아웃은 어떻게 해서 일어날까요? 화이트아웃은 하늘에 구름이 넓게 퍼졌을 때, 구름을 통과한 햇빛이 눈과 얼음에 반사되고 또다시 구름에 반사되어 벌어집니다. 햇빛의 반사가 계속 반복되지요. 그러면 그 근처는 빠져나가지 못한 빛으로 가득 차게 됩니다. 그래서 그림자도 나타나지 않고, 마치 물체의 형체가 사라진 것처럼 아무것도 보이지 않게 되어요. 그림자가 없으면 방향을 찾기가 무척 어렵습니다. 또한 거리나 높낮이같이 안전을 위해 꼭 확인해야 할 기본적인 사항조차 구분할 수 없으니 대단히 위험해요. 아무것도 없다고 믿고 계속 가다가는 자칫 대형 사고가 일어날 수도 있습니다. 그러므로 화이트아웃이 일어났을 때에는 무리하게 걸음을 옮기기보다 현상이 사라질 때까지 기다리는 편이 좋습니다.

오로라

북반구

적도를 경계로 해서 지구를 둘로 나누었을 때 북쪽 부분을 북반구라고 합니다. 남쪽 부분은 남반구라고 해요. 북반구와 남반구는 계절이 반대로 나타나지요.

고위도

남극과 북극에 가까운 위도를 말해요. 오로라는 이런 고위도 지방에서 볼 수 있습니다.

북반구와 남반구의 하늘에서는 다른 곳에서는 볼 수 없는 아름다운 커튼이 드리워지고는 합니다. 그 커튼의 이름은 오로라입니다. 커튼의 모양과 색이 다양한 것처럼 오로라도 다양한 모양과 색으로 이루어졌습니다. 북반구와 남반구의 고위도 지방에서 볼 수 있어요. 극지방에서 일어난다고 알려져 있지만, 실제로 위도 60°에서 80° 사이의 지역에서 넓게 나타납니다.

'오로라'라는 이름은 '아우오라'라는 이름에서 유래했어요. 아우로라는 라틴어로 '새벽'이라는 뜻입니다. 로마 신화에 나오는 여명의 여신 이름이기도 해요. 가끔 뉴질랜드에서도 오로라가 나타나는데, 이곳 원주민인 마오리족은 오로라를 '타후 누이 아 랑기'라고 불렀습니다. 하늘이 온통 불탄다는 뜻이에요. 마오리족의 눈에는 오로라가 하늘이 불타는 것처럼 보였나 봐요.

이러한 오로라는 어떻게 일어날까요? 태양은 전기를 띤 입자를 우주 공간으로 보내는데, 이 입자를 플라스마라고 합니다. 그리고 이 플라스마의 흐름을 태양풍이라고 해요. 태양풍은 대부분 지구의 자기장 밖으로 흩어지

색과 모양이 다양한 오로라.

지만 지구의 자기장으로 끌려 오는 입자들도 있어요. 이렇게 끌려 온 플라스마가 극지방의 하늘에서 공기 입자와 부딪혀 빛을 내게 됩니다. 이때 공기의 성분에 따라서 빨강, 파랑, 보라, 초록 등의 무지갯빛처럼 아름다운 색을 가진 오로라가 생깁니다. 그러나 이런 오로라는 수시로 모양을 바꾸고 색깔도 진해졌다가 연해지는 등 변화가 심해서 사진으로 찍기가 어렵습니다.

자기장

자석이나 전류의 주위, 지구의 표면처럼 자석의 성질이 미치는 공간을 말합니다. 전류는 이 자기장을 만들 수 있어요.

Q&A 꼭 알고 넘어가자!

문제 1 극지방의 신기한 현상 중 태양이 여러 개처럼 보이는 현상은 무엇일까요? 그 현상의 특징에 대해서도 말해 보세요.

문제 2 사막에서 일어나는 신기루 현상은 극지방에서도 일어납니다. 어떤 과정을 거쳐 일어날까요?

3. 북반구와 남반구의 고위도 지방에서 일어나는 오로라입니다. 오로라는 마치 하늘에 무지갯빛 커튼을 친 것처럼 보이는 현상이에요. 커튼의 모양과 색이 다양한 것처럼 오로라도 다양한 모양과 색으로 이루어졌습니다. 오로라는 새벽이라는 뜻이고, 로마 신화에 나오는 여명의 여신 이름이기도 합니다.

문제 3 마치 커튼을 드리운 것처럼 극지방의 하늘에 아름답게 펼쳐지는 현상은 무엇일까요?

정답

1. 무리해라고도 불리는 환일입니다. 남극의 온도는 무척 낮아서 구름이 얼음 알갱이들로 만들어지는 경우가 있습니다. 이 얼음 결정에 태양의 열과 빛이 반사되고, 꺾이고, 흩어져요. 그 현상 중 하나가 바로 환일입니다.

2. 신기루는 불안정한 대기층에서 빛이 휘어져 꺾이면서 생기는 현상입니다. 땅과 대기의 온도 차가 큰 곳에서 일어나기 때문에 사막과 극지방에서 신기루를 볼 수 있습니다.

관련 교과

초등 3학년 2학기 2. 동물의 세계
초등 4학년 2학기 1. 식물의 세계

4. 극지방의 동식물

남극과 북극에는 서로 다른 동물들이 살고 있습니다. 모든 것이 얼음으로 뒤덮인 그곳에는 어떤 동물들이 살고 있을까요? 얼음과 눈밖에 없는 곳에서 동물들은 무엇을 먹고 살까요? 남극과 북극에는 각각 어떤 생물이 사는지, 어떻게 추위를 견디며 무엇을 먹고 사는지 함께 알아보아요.

남극의 동식물

남극은 대륙의 약 98%가 얼음으로 덮여 있고, 기온이 영하 89℃까지 내려가는데 어떻게 동식물이 사는지 매우 신기하지요? 아주 조금이지만 얼음으로 덮이지 않은 곳이 있고, 여름에는 흙이 드러나는 곳도 있기 때문에 남극에서도 다른 대륙에서 볼 수 있는 자연 요소들을 찾아볼 수 있습니다. 한편 남극에는 지하자원이 매우 풍부해요. 놀랍게도 활화산과 온천까지 있습니다. 남극을 여행하는 사람들에게는 반가운 이야기이지요.

남극에서 해수욕을 즐기는 사람들. ⓒ Chadica@flickr.com

펭귄

펭귄은 남극을 상징하는 동물입니다. 펭귄은 연미복을 입은 듯한 모습으로 뒤뚱뒤뚱 걸어서 많은 이에게 사랑받고 있지요. 펭귄이 뒤뚱거리며 걷는 이유는 땅 위에서보다 물속에서 살아가기 좋은 몸의 구조를 지녔기 때문입니다. 펭귄의 몸은 수영하기 좋게 유선형이며, 뼈는 속이 꽉 차 있어서 헤엄칠 때 물 위로 떠오르지 않아요. 펭귄과 달리 보통 새들은 뼛속에 공기가 있어서 몸이 가볍습니다. 물속에서 헤엄치기에는 불리한 조건이지요. 또 육지에서는 별로 쓰이지 않던 날개가 헤엄칠 때에는 아주 유용하게 쓰입니다. 작고 튼튼한 지느러미 역할을 하기 때문에 빠르게 헤엄칠 수 있도록 도와줘요. 펭귄은 시속 24㎞로 헤엄칩니다. 우리나라 대표 수영 선수인 박태환 선수의

유선형

물이나 공기의 저항을 최대한 줄이기 위해서 앞은 곡선이고, 뒤쪽으로 갈수록 뾰족한 형태를 말합니다. 비행기나 배도 모두 유선형입니다.

펭귄은 물속에서 살아가기 좋은 몸의 구조를 지녔다. ⓒ saname777@flickr.com

속도가 시속 7㎞가 못 된다고 하니 펭귄이 얼마나 빠른지 짐작이 되지요?

펭귄의 종류는 어떻게 나누느냐에 따라 17종 혹은 18종이 있습니다. 그중 황제펭귄과 아델리펭귄, 젠투펭귄 등이 대표적이에요. 그런데 이 펭귄 모두가 남극에 사는 것은 아니에요. 열대 지방은 물론, 적도의 갈라파고스 제도에 사는 펭귄도 있습니다. 실제로는 몇몇 종류만이 극지방에서 살아요.

펭귄들이 남극의 추위를 버틸 수 있는 데에는 몇 가지 이유가 있습니다. 우선 물에 젖지 않도록 깃털이 겹쳐서 나 있어요. 혹시라도 깃털에 물이 묻을까 봐 오리처럼 기름샘에서 기름도 나옵니다. 깃털에 기름이 묻어 있으면 물이 묻지 않거든요. 깃털 아래에는 보드라운 솜털이 공기층을 만들어서 몸의 열이 새어 나가지 못하도록 해줍니다. 솜털 밑에는 피부, 피부 밑에는 두꺼운 지방층이 있어요. 그러니까 추운 날 여러 겹의 옷을 껴입는 것과 똑같은 효과를 내는 셈이지요. 두꺼운 옷을 하나 입는 것보다 여러 겹을 입으면 몸의 열이 덜 빠져나가서 더 따뜻하거든요.

펭귄은 수컷보다 암컷이 더 많습니다. 그래서 짝짓기를 할 때가 되면 수컷을 놓고 암컷끼리 경쟁합니다. 경쟁해서 이긴 암컷만 짝짓기를 할 수 있어요. 어렵게 짝짓기에 성공한 암컷이 알을 낳으면 수컷이 품어서 부화시킵니다. 수컷은 약 4개월 동안 발등에 알을 올려놓고 품습니다. 최대 영하 60℃까지 떨어지는 추위가 와도 꿋꿋하게 알을 지키지요. 그러다 알이 부화하면 4개월 동안 위 속에 간직했던 음식물을 토해서 새끼에게 줍니다.

펭귄들에게도 천적이 있습니다. 땅에서는 도둑갈매기가 약한 펭귄이나 어린 펭귄, 펭귄의 알을 노리며 호시탐탐 기회를 엿보고 있지요. 바다에서는 바다표범, 범고래 등이 이들을 노리고 있습니다. 그래서 펭귄들은 바닷속에 들어갈 때 한 마리가 먼저 들어가서 망을 본 다음에 나머지 펭귄들이 따라 들어갑니다.

크릴새우

때로 남극의 바닷가가 붉게 물들어 보일 때가 있습니다. 남극새우라고도 불리는 크릴새우 무리 때문이에요. 크릴새우는 약 6㎝ 정도로 작은 편이지만 거대한 무리를 지어 다닙니다. 그래서 바다가 붉게 보이는 거예요.

크릴새우.
ⓒ Øtein Paulsen@the Wikimedia Commons

크릴새우는 고래는 물론이고 바다표범, 펭귄, 새, 오징어 등의 먹이가 되는 아주 중요한 남극의 생물로, 남극의 생태계에 없어서는 안 되는 존재예요. 크릴새우가 없다면 크릴새우를 먹고 자랄 생물들

생태계

어떤 지역이나 환경에서 생물들이 서로 적응하고 관계를 맺어가며 조화를 이루는 자연의 세계를 말합니다.

의 수가 줄어들 테고, 그러면 또 그 생물들을 먹고 자랄 생물들의 수도 줄어들 수밖에 없습니다. 미래에는 크릴새우가 우리에게도 중요한 식량이 될 수 있다는 생각에 현재 일본과 러시아 등 많은 나라가 연구하고 있습니다.

바다표범

발은 네 개이지만 걷지 않고 기어 다니는 동물이 있습니다. 바로 바다표범이에요. 바다표범은 남극과 북극 모두에서 살지만 먹이가 풍부한 남극해에서 사는 바다표범의 덩치가 훨씬 더 큽니다. 남극해에서 사는 바다표범은 몸의 길이가 2.8~4.4m, 몸무게가 0.6~3.2t이나 됩니다. 이 바다표범들은 종류에 따라 차이가 있지만 주로 물고기나 새우, 오징어 등을 즐겨 먹습니다. 펭귄처럼 종류가 다양해서, 현재는 18종이 알려져 있어요.

바다표범은 크게 세 부류로 나눌 수 있습니다. 북극해에서부터 태평양에 걸쳐 사는 바다표범, 열대 지방에 사는 바다표범, 마지막으로 남극에 사는 남극바다표범 무리로 나눌 수 있어요. 그중 우리가 알아볼 바다표범은 바

◀게잡이바다표범. ⓒ L:am Q@flickr.com
▶새끼 웨들바다표범. ⓒ Samuel Blanc@the Wikimedia Commons

로 이 남극바다표범 무리입니다. 남극바다표범 무리에는 게잡이바다표범, 레오퍼드바다표범, 로스바다표범, 웨들바다표범이 있습니다. 게잡이바다표범은 이름만 보면 게를 잡아먹고 살 것 같지만 크릴새우 등을 먹고 삽니다. 엉뚱한 이름이 붙은 셈이지요. 그에 반해 레오퍼드바다표범은 펭귄이나 하늘을 나는 새 등을 잡아먹습니다. 로스바다표범은 남극에 사는 바다표범 중 덩치가 제일 작아요. 웨들바다표범은 성격이 매우 온순하여 사람이 가까이 가도 잘 피하지 않습니다.

남방코끼리바다표범. ⓒ L:am Q@flickr.com

또 다른 바다표범으로는 코끼리바다표범이 있습니다. 코끼리바다표범도 북극과 남극 모두에서 사는데 남방코끼리바다표범의 덩치가 더 커요. 코를 길게 늘어뜨리거나 부풀릴 수 있는 남방코끼리바다표범은 오징어류와 어류를 즐겨 먹으며 깊은 곳에서 오랫동안 잠수할 수 있습니다.

사라진 고래

100년 전에는 남극에 고래가 많이 살았지만 이제는 찾아보기 어렵습니다. 그 많던 고래는 다 어디로 갔을까요? 고래가 사라진 이유는 모두 사람들 때문이에요. 사람들이 향료나 기름, 고기 등을 얻기 위해 고래를 마구 잡아들여서 결국 고래의 수가 점점 줄어들고 말았습니다. 최대 몸길이가 33m, 몸무게가 179t이나 되는 대왕고래는 이제 남반구에서는 거의 찾아볼 수 없습니다. 사람들은 상황이 점점 심각해지고 있다는 사실을 깨달았어요. 그래서 이제는 국제적으로 고래를 보호하고 있습니다.

고래는 크릴새우를 먹고 삽니다. 지구 상의 동물 중 가장 몸집이 크다는

고래가 작은 크릴새우를 먹고 산다는 게 신기하지요? 하지만 고래가 먹는 크릴새우의 양이 워낙 많고, 또 크릴새우는 영양이 매우 풍부하니까 큰 몸집을 유지하는 데 아무 문제 없습니다. 몸집이 큰 대왕고래는 하루에 6.4t이 넘는 크릴새우를 먹어요. 약 8억 5,000마리를 먹는 셈이지요.

범고래.

이 밖에도 마치 돌고래처럼 검은색 등에 하얀색 배를 가진 고래가 있습니다. 바로 범고래입니다. 범고래는 길이가 7~10m, 몸무게는 6~10t입니다. 범고래는 돌고래처럼 무척 귀엽게 생겼지만 커다란 물고기나 작은 고래, 펭귄, 물개 등을 잡아먹어요. 매우 영리하지만 성격은 난폭하지요.

이름이 예쁜 향유고래도 있습니다. 향유고래의 수컷은 몸길이가 15~18m, 몸무게는 57t입니다. 머리에서는 좋은 기름을 얻을 수 있고, 대장에서는 안정제로 쓰이는 값비싼 향료를 얻을 수 있어서 대왕고래만큼 인기 있는 사냥감이었어요. 범고래와 향유고래 모두 전 세계 바다에서 삽니다.

남극 새

남극의 하늘에서 가장 마라톤을 잘하는 선수를 뽑는다면 아마 북극제비갈매기일 것입니다. 북극제비갈매기는 북극의 여름인 4~8월에는 북극에

북극제비갈매기.

앨버트로스.

서 살고, 새끼가 어느 정도 크면 남극에 와서 남극의 여름을 보냅니다. 그러다 다시 4월이 되면 알을 낳기 위해 북극으로 갑니다. 1년에 약 3만 8,000㎞를 나는 셈이에요.

남극에는 펭귄의 새끼나 알, 또 다른 새들의 먹이를 빼앗기로 유명한 도둑갈매기도 있습니다. 도둑갈매기는 동작이 얼마나 날쌘지 '남극의 독수리' 라고 불려요. 마치 개가 짖는 듯한 이상한 괴음을 내기도 합니다.

또 긴 날개 때문에 뒤뚱거리며 걸어서 바보 새로 유명한 앨버트로스도 살고 있어요. 우리나라에서는 신천옹이라고도 불려요. 날개를 펴면 3~4m 쯤 되는 큰 새입니다. 바보 새라고 불리지만 하늘을 날 때는 매우 멋진 모습을 하고 있습니다.

남극의 식물

너무나 추워 모든 것이 다 얼어 버릴 것만 같은 남극에서도 식물이 자랍니다. 나무는 한 종류도 없고, 꽃이 피는 식물도 단 두 종류에 불과하지만

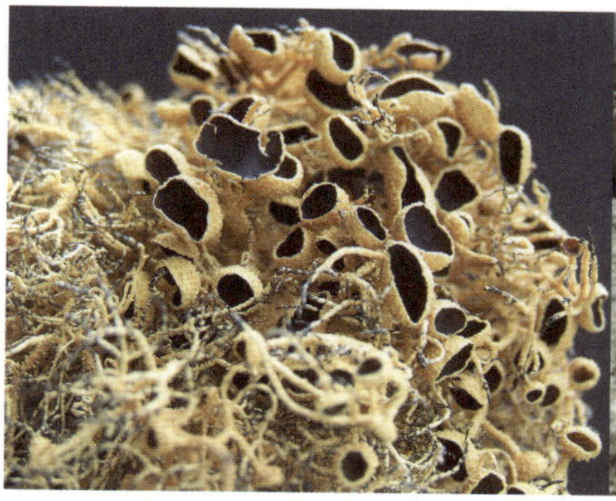 

◀남극의 대표적인 지의류, 우스네아. ⓒ T.Voekler@the Wikimedia Commons
▶남극의 종자식물, 남극좀새풀. ⓒ Lomvi2@the Wikimedia Commons

그래도 그 추운 곳에서 식물이 자란다고 하니 무척 놀랍습니다. 남극에서 자라는 식물은 무엇인지 함께 알아볼까요?

먼저 나무껍질이나 바위에 붙어 사는 하등식물인 지의류가 있어요. 종류만 무려 400여 종이나 됩니다. 이런 지의류는 성장이 몹시 느려서 천천히 자랍니다. 길이도 짧아서, 멀리서 보면 잔디가 깔려 있는 것처럼 보이지요. 남극의 여름을 푸르게 하는 식물이에요.

또 다른 남극의 식물로는 이끼류가 있습니다. 남극에 사는 이끼류는 모두 70여 종이에요. 원래 이끼류는 웅덩이나 습기가 많은 곳에서 사는데, 남극의 이끼류도 마찬가지입니다. 더욱 특이한 점은 이곳 이끼류는 주로 펭귄의 배설물이 많은 곳에서 자란다는 점이에요. 펭귄의 배설물이 좋은 영양분이 되기 때문입니다.

마지막으로 남극에는 꽃을 피우는 종자식물이 단 두 종류가 있습니다. 종자식물은 꽃이 피고 열매를 맺으며, 씨로 번식하는 식물을 말해요. 현화식물이라고도 불립니다. 종자식물에는 겉씨식물과 속씨식물이 있어요. 남

극에 사는 종자식물로는 남극좀새풀과 남극개미자리가 있습니다. 남극에 있는 세종과학기지 근처에서도 종자식물이 발견되었습니다.

이 밖에도 물속에 사는 식물의 무리인 조류가 있습니다. 남극의 조류는 눈 조류와 얼음 조류로 나뉩니다. 여름에 녹지 않은 눈이 분홍색이나 연두색을 띠는 듯 보이는 것은 모두 눈 조류 때문입니다. 얼음 조류는 크릴새우의 먹이가 됩니다. 그래서 크릴새우는 이런 조류가 있는 빙산이나 해빙 주위에 살아요.

TIP 요건 몰랐지?

어미 펭귄의 모성애

펭귄은 마치 서양 예복을 입은 신사처럼 점잖은 모습을 하고 있습니다. 뒤뚱거리며 걷는 모습은 우스꽝스럽기까지 하지요. 이렇게 마냥 귀엽게만 보이는 펭귄은 남다른 모성애로 유명합니다.

남극의 폭풍은 무척 거세서 새끼 펭귄이 견디지 못하기도 합니다. 또 도둑갈매기가 호시탐탐 새끼 펭귄을 노리고 있지요. 폭풍과 도둑갈매기 때문에 새끼를 잃은 어미 펭귄은 큰 충격에 빠집니다. 새끼를 잃은 어미 펭귄은 슬픔을 달래려고 다른 어미의 새끼를 데려오려 합니다. 그러나 무리의 다른 어미 펭귄들은 남의 새끼를 함부로 데려가는 행동을 무척 싫어합니다. 그들은 원래 어미가 새끼를 키울 수 있게 도와주려 하지요. 실제로 펭귄의 이런 행동은 동물에게도 감정이 있다는 증거로 널리 쓰입니다.

모성애가 강한 펭귄.

북극의 동식물

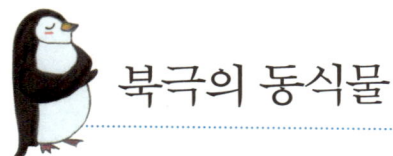

남극만큼 춥지는 않지만 큰 얼음덩어리가 생길 정도로 추운 북극에서도 여러 생물이 삽니다. 남극보다 더 다양한 생물이 살고 있어요. 북극에는 어떤 신기한 동식물이 살고 있을까요?

북극곰

북극에 사는 동물 중 우리에게 가장 잘 알려진 동물은 북극곰입니다. 북극곰은 털이 흰색이어서 눈과 잘 구별되지 않습니다. 그래서 사냥할 때 위장 효과를 톡톡히 보지요. 북극곰은 털이 촘촘히 나 있어서 추위를 견딜 수 있습니다. 또 털이 물에 젖으면 얼지 않고 오히려 서로 달라붙어 물이 스며드는 것을 막습니다. 그리고 피부 아래에는 두꺼운 지방층이 있어서 체온을 보호합니다.

북극곰의 몸무게는 수컷이 400~600kg, 암컷이 200~300kg 정도 나갑니다. 북극곰은 주로 바다표범을 사냥해 먹습니다. 바다표범은 바닷속에서 헤엄을 칠 때도 주기적으로 물 밖으로 나와 숨을 쉬어야 합니다. 북극곰은 이러한 사실을 알고 얼음 위에 뚫린 구멍을 한 개만 남기고 모두 막습니다. 그리고 하나 남은 구멍 옆에서 바다표범이 나오기를 기다리지요. 바다표범이 숨을 쉬러 나오면 그때 사냥합니다. 북극곰은 힘이 세서 한 번만 내리쳐

도 바다표범의 갈비뼈가 부러져요. 북극곰은 바다표범 외에도 바다코끼리의 새끼나 물고기를 잡아먹습니다.

북극곰은 다른 곰과 다르게 겨울잠을 자지 않습니다. 하지만 새끼를 낳을 때는 굴속에서 두 달 정도를 지냅니다.

바다코끼리

북극곰과 함께 북극에서만 사는 동물로는 바다코끼리가 있습니다. 바다코끼리 역시 북극 하면 빼놓을 수 없는 동물이지요. 마치 코끼리의 상아 같은 긴 이빨이 있어서 바다코끼리란 이름이 붙었습니다.

수컷 바다코끼리는 몸길이가 3.5~3.7m, 몸무게는 1.5~3t입니다. 암컷은 이보다 조금 작습니다. 수컷과 암컷 모두 날카롭고 긴 이빨이 있습니다. 바다코끼리는 싸울 때는 물론, 좋아하는 조개를 캘 때나 미끄러운 얼음벽을 타고 올라갈 때도 기다란 이빨을 사용합니다. 바닷속에서는 왕 노릇을 할 만큼 위엄 있는 동물이지만 육지에서는 힘을 쓰지 못해요.

기다란 이빨이 특징인 바다코끼리.

이누이트는 바다코끼리를 사냥하여 고기는 먹고, 가죽으로는 집이나 배를 만들어요. 바다코끼리의 기름은 난로의 연료로 사용합니다. 이누이트에게 바다코끼리는 없어서는 안 될 중요한 동물인 셈이지요.

고래

북극 바다에는 마치 뿔이 난 것처럼 보이는 일각고래가 삽니다. 서양의 신화 속에는 꼭 말처럼 생겼지만 이마에 아름다운 뿔이 돋은 유니콘이 등장하는데, 이 유니콘 신화는 일각고래 때문에 생겼다고도 해요. 그런데 이 고래의 뿔은 사실 뿔이 아니고 이빨입니다. 이빨 하나가 길게 자라서 뿔처럼 보이는 거예요. 이빨은 다 자라면 길이가 1.5~2.9m 정도 됩니다. 무척 기다란 이 이빨은 수컷에게만 있습니다. 암컷은 대부분 긴 이빨이 없어요. 수컷은 암컷을 얻기 위하여 다른 수컷과 싸울 때 긴 이빨을 주로 사용합니다. 그 밖에 정확히 어떤 용도로 쓰이는지는 아직 밝혀내지 못했습니다.

일각고래.

예전부터 일각고래의 이빨은 만병통치약이라는 소문이 있었습니다. 또 일각고래가 희귀한 동물로 알려지면서 사람들은 일각고래의 긴 이빨을 갖고 싶어 했지요. 그래서 일각고래를 마구 사냥하기 시작했습니다. 이누이트처럼 생활에 필요한 만큼 잡는다면 괜찮지만 단지 이빨을 갖기 위하여 무분별하게 잡는 행동은 잘못된 행동이에요.

북극의 또 다른 동물

북극에 사는 또 다른 동물로는 귀여운 외모의 북극여우가 있습니다. 북극여우는 살아남기 위해서 변신하는 동물이에요. 새하얗게 눈이 쌓인 겨울에는 추위를 피하고 눈에도 잘 띄지 않도록 푹신푹신한 털옷을 입은 것처럼 온몸이 하얀 털로 뒤덮입니다. 여름철에는 듬성듬성 보기 싫은 회갈색 털로 바뀌어요. 여름과 겨울의 모습이 무척 달라서 마치 서로 다른 종처럼 느껴질 정도예요. 이와 같은 변신술은 영리한 여우의 살아남기 위한 본능입니다.

그 밖에도 산타 할아버지의 썰매를 끄는 순록, 빙하기부터 살아남은 사향소, 북극이리 등이 살고 있어요. 사향소는 덥수룩한 긴 털과 피부 밑의 두둑한 지방 덕분에 추위를 잘 견딜 수 있습니다. 지의류와 풀, 나뭇가지 등 거의 모든 식물을 먹고 살지요. 수가 줄어서 거의 멸종되었다가, 지금은 보호되고 있습니다.

◀겨울의 북극여우. ⓒ Ansgar Walk@the Wikimedia Commons
▶사향소. ⓒ Ansgar Walk@the Wikimedia Commons

북극의 새

북극의 하늘은 뇌조, 바다쇠오리 등이 지키고 있습니다. 새들은 매서운 추위를 견디기 위하여 깃털이 매우 촘촘하게 나 있어요. 발 또한 얼어붙지 않도록 깃털에 싸여 있습니다. 북극의 새들은 오리류나 기러기류처럼 대부분 철새입니다.

남극에 펭귄이 있다면 북극에는 바다쇠오리가 있습니다. 얼핏 보기에 하얀 배와 까만 등이 펭귄과 비슷한 바다쇠오리는 주로 북극의 해변에서 번식합니다. 겨울이면 남쪽으로 옮겨 가지만 대부분은 북극권 안에 머물러요. 바다쇠오리도 펭귄처럼 피부 밑에 두꺼운 지방층이 있어서 추위로부터 몸을 보호합니다. 영양이 풍부한 플랑크톤을 먹고 삽니다.

북극에서는 에투피리카라는 아름다운 새도 볼 수 있어요. 에투피리카는 아이누족 언어로 '아름다운 부리'라는 뜻입니다. 이름만큼이나 무척 아름다운 부리를 가진 새이지요.

아름다운 부리라는 뜻의 에투피리카.

북극의 식물

북극에 여름이 찾아오면 아름다운 들꽃이 북극을 뒤덮습니다. 북극의 툰드라에는 지의류, 이끼류, 버드나무류 같은 낮은 나무, 풀 등이 자라며, 7월 즈음에는 잠시 꽃도 핍니다. 일부 지역에는 모기가 생길 정도로 날씨가 따듯해져요. 하지만 본래 추운 곳이니만큼 북극의 식물들은 독특한 방법으로 성장합니다. 북극은 기온이 낮으므로 식물이 자랄 수 있는 기간이 짧아요.

북극의 툰드라.

광합성

녹색 식물이 빛을 받아서 이산화탄소와 수분으로 유기물을 이루는 과정을 말합니다. 유기물은 생물의 몸 안에서 생명력에 의하여 만들어지는 물질입니다.

그래서 북극의 식물들은 낮이 긴 봄에 빨리 성장하거나, 영하의 기온에서도 광합성을 해서 영양분을 만듭니다. 북극에서 살아남을 수 있는 방법을 터득한 셈이지요.

북극에서 가장 많이 볼 수 있는 식물은 남극에서도 흔한 지의류 혹은 조류 식물입니다.

북극의 툰드라에는 겨울 동안 땅속에서 몸을 움츠리다가, 짧은 여름 기간 동안 재빨리 자라나는 식물이 많습니다. 나무는 거의 보이지 않고, 나무의 종류인 북극버드나무도 추위 때문에 하늘을 향해 뻗는 대신 납작하게 기어서 자라요. 그래서 북극에는 키가 작은 이끼류와 풀만 무성해 보입니다.

TIP 요건 몰랐지?

국제포경조약

국제포경조약은 고래를 무분별하게 잡지 말자고 세계 여러 나라가 함께한 약속입니다. '포경' 은 고래를 잡는다는 뜻의 한자어예요. 지금의 조약은 1948년에 효력이 생겼어요. 당시에 미국, 영국, 캐나다, 프랑스, 일본, 노르웨이, 소련 등 16개 나라가 국제포경위원회를 만들고 고래잡이에 대한 자세한 규칙을 정했습니다. 고래를 마구 잡아들이지 않고, 자원을 보호하자는 내용이었지요. 1986년에 이르러서는 상업적인 목적으로는 고래를 단 한 마리도 잡지 않기로 약속했습니다. 요즘에는 노르웨이, 일본 등 몇몇 국가들이 지나치게 고래를 보호한다며 불만을 표시하고 있어요. 그들은 고래를 잡아서 연구하고, 경제적 이익도 챙겨야 한다고 주장합니다. 하지만 밍크고래를 뺀 다른 고래들은 아직도 멸종 위기에 놓여 있습니다. 여러 종류의 고래들이 바다를 헤엄치는 모습을 보려면 앞으로도 고래를 더 보호해야 해요.

Q&A 꼭 알고 넘어가자!

문제 1 주로 남극에서 사는 펭귄은 어떻게 매서운 남극의 추위를 견딜까요?

문제 2 때로 남극의 바다를 붉게 물들이는 생물이 있습니다. 고래나 바다표범, 펭귄 등의 먹이가 되는 이 생물은 무엇일까요?

3. 북극여우입니다. 북극여우는 혹독한 추위에서 살아남기 위해 여름과 겨울에 변신을 해요. 겨울에는 눈 속에서 눈에 잘 띄지 않기 위해, 또 추위를 피하기 위해서 온몸을 하얀 털로 뒤덮습니다. 여름철에는 듬성듬성 회갈색 털로 바뀝니다.

4. 북극은 식물이 자랄 수 있는 기간이 짧습니다. 그래서 북극의 식물들은 낮이 긴 봄에 빨리 성장합니다. 또 영하의 기온에서도 광합성을 하여 영양분을 만들고 성장합니다.

문제 3 북극에 사는 동물 중 여름과 겨울에 변신하는 동물이 있습니다. 이 동물은 무엇일까요?

문제 4 북극 식물은 추운 북극에서 사는 만큼 성장 방법이 다른 식물과 다릅니다. 북극 식물의 성장 방법을 말해 보세요.

정답

1. 펭귄은 몸이 물에 젖지 않도록 깃털이 겹쳐서 납니다. 또 기름샘에서 기름이 나오는데, 이는 혹시라도 깃털에 물이 묻지 않도록 하기 위해서예요. 깃털 아래에는 솜털이 공기층을 만들어서 몸의 열이 새어 나가지 못하게 합니다. 피부 밑에는 두꺼운 지방층도 있어요. 이렇게 여러 층의 보호막이 펭귄이 남극에서 살아남는 데 도움을 줍니다.

2. 남극새우라고도 불리는 크릴새우입니다. 크릴새우는 고래나 바다표범, 펭귄 등의 먹이가 되지요. 만약 크릴새우가 없다면 남극의 생태계가 무너질 정도로 아주 중요한 생물입니다. 미래에 크릴새우가 중요한 식량이 될 수 있다고 생각하여 현재 많은 나라가 연구하고 있습니다.

관련 교과

초등 6학년 1학기 4. 생태계와 환경
초등 6학년 2학기 3. 쾌적한 환경

5. 전 세계가 보호하는 극지방

남극과 북극은 이것저것 신기한 점도 많고, 처음 보는 동식물도 많습니다. 우리는 이러한 동식물이 살 곳을 잃지 않도록 극지방을 꼭 보호해야 해요. 수많은 나라가 극지방을 보호하기 위해 어떤 노력을 하는지 살펴보고, 우리가 극지방 보호를 위해 할 수 있는 일이 무엇인지 알아보기로 해요.

환경 오염

만약 극지방의 얼음이 녹는다면 어떤 일이 벌어질까요? 얼음이나 눈에서 반사되어 빠져나가던 햇빛의 양이 줄어 지구의 기온이 올라갈 거예요. 햇빛은 반사되지 않으면 그대로 지구에 머뭅니다. 햇빛이 지구에 남아서 기온이 올라가면 남극과 북극의 얼음이 녹게 되겠지요. 얼음이 녹으면 바닷물의 표면이 높아져서 육지의 많은 부분이 물에 잠기고 말 거예요. 극지방의 얼음을 녹이는 데 큰 역할을 하는 것이 바로 지구온난화입니다.

화석 연료를 사용해 온실가스가 생기면 지구온난화가 일어난다.

지구온난화는 지구의 기온이 높아지는 현상을 말해요. 지구가 점점 따뜻해지는 현상은 예전부터 벌어졌지만 지구온난화는 주로 19세기 후반부터 나타나는 현상을 가리킵니다. 19세기 후반부터 세계 산업이 급격히 발달하여 예전보다 석유와 석탄 등을 많이 쓰게 되었어요. 석유와 석탄 같은 화석 연료를 많이 사용하면 온실가스가 생깁니다. 더러 지구온난화의 원인에 대해 다른 의견을 내는 과학자도 있지만, 온실가스가 늘어나면서 지구온난화가 심각해졌다는 의견이 대부분입니다. 지금 이 순간에도 지구온난화 때문에 남극과 북극의 얼음이 녹고 있습니다.

극지방의 찬 기운은 적도 쪽으로 흘러가서 지구의 온도를 조절합니다. 만약 남극과 북극의 얼음이 녹으면 지금도 더운 적도 지방은 어떻게 될까요?

미국과 러시아의 과학자들은 상트페테르부르크에서 지구의 기후가 변하는 원인을 찾아보자고 약속했습니다. 기후에 따라서 우리가 먹는 농작물도 영향을 받는 등 기후 변화는 지구 전체의 생태계에 중요한 문제이기 때문

얼음을 깰 수 있는 쇄빙선. © BestKevin@flickr.com

이에요. 그래서 공동 연구를 하기로 했습니다. 이들은 남극 바다 중에서 가장 연구가 부족하다고 생각하는 웨들 해에 기지를 세우고 연구를 했어요. 지구가 더워지는 현상과 바다의 특성에 대한 연구였습니다. 좀 더 정밀하게 연구하기 위해 비행기, 헬리콥터, 인공위성을 이용해 연구하고 있습니다. 얼어붙은 바닷물을 깨며 나아가는 쇄빙선까지 이용해 연구하고 있으니, 곧 지구의 기후 변화에 대한 좋은 방안이 나올 것입니다.

많은 나라가 극지방을 보호하는 또 다른 이유는 지구에서 가장 깨끗한 극지방은 온도가 낮고 건조해서 한번 오염되면 되돌리는 시간이 매우 오래 걸

리기 때문입니다. 이런 이유로 남극에 기지를 두고 있는 나라들도 환경 보호를 위해 노력해요. 예를 들면 태워도 나쁜 가스가 나오지 않는 쓰레기는 남극에서 태워 없애지만 나쁜 가스가 나오는 쓰레기는 반드시 남극 밖으로 가지고 나갑니다. 또 관광객들이 많이 버리는 건전지처럼 중금속 오염을 시킬 수 있는 것들도 남극 밖에서 버려야 합니다. 이런 노력을 포함해서, 국제적 환경 단체인 그린피스도 환경 오염을 감시하고 있습니다.

중금속 오염

철, 금, 백금과 같은 중금속에 의해 일어나는 모든 오염을 말합니다. 중금속에 오염된 땅과 물에서 자란 음식을 먹으면 인간에게 치명적인 병을 일으킵니다.

그러면 우리는 극지방의 환경을 보호하기 위해서 어떤 일을 할 수 있을까요? 앞서 말했듯이 극지방의 얼음이 녹지 않게 하려면 지구 기온이 올라가게 해서는 안 됩니다. 지구온난화의 범인인 온실가스를 내보내지 않도록 노력해야 해요. 가능한 한 자동차를 타지 않고, 일회용품 사용을 줄인다면 온실가스를 줄이는 데 도움이 됩니다.

극지방의 이용

그동안 극지방은 사람들에게 많이 알려지지 않았어요. 눈과 얼음으로 둘러싸여 있고, 날씨도 몹시 추워서 극지방에 가는 것조차 힘들었기 때문입니다. 그러나 최근에는 각 나라에서 연구 기지를 설치하는 등 극지방을 연구하기 위해 적극적으로 노력하고 있어요. 아직도 수십만 년의 역사를 그대로 간직하고 있는 남극 대륙, 극지방의 생태계 등 연구해야 할 분야가 많이 남아 있으니 계속해서 노력해야 합니다.

우리나라는 1988년, 사우스셰틀랜드 제도에 있는 킹조지 섬의 바턴 반도에 한국 최초의 남극 과학 기지인 세종과학기지를 세웠습니다. 이 과학 기지는 남극의 중요한 자연 환경을 연구해서 우리나라 과학자들을 위한 연구 재료를 얻고, 남극에 대한 관심이 높아지는 국제 사회에서 경쟁에 뒤지지 않기 위해 설립했어요. 세종과학기지라는 이름은 조선 시대 세종 대왕 이름에서 따왔습니다. 세종 대왕이 한글을 만들고 측우기, 혼천의 등의 뛰어난 발명을 한 위대한 과학자라서 연구 기지와 가장 어울린다고 생각하여 붙인 이름이에요. 이곳 세종과학기지에서는 해저 지형, 지층 탐사, 해양 생물 채취, 암석 채취, 땅 위의 동식물 조사 등 남극에 사는 생물과 지구를 이루는 지층이나 암석, 하늘의 대기 등에 관해 다양한 연구를 하고 있습니다.

이런 세종과학기지에는 비밀이 하나 있습니다. 바로 이곳에 있으면 잘 씻

한국 최초의 남극 과학 기지인 세종과학기지. ⓒ 극지연구소

지 않아도 된다는 점이에요. 남극의 공기는 매우 깨끗해서 몸이 쉽게 더러워지지 않습니다. 그래서 목욕을 자주 안 해도 된다고 해요.

북극은 남극과는 다르게 군사적 이유로도 이용할 수 있습니다. 석유나 철광석, 우라늄 광물 자원, 해양 생물도 개발하고 있어요. 북극의 하늘이 대륙을 연결하는 가장 짧은 비행기 길이라는 게 알려져 항공로로도 많이 이용되고 있습니다. 북극 연구가 중요한 또 하나의 이유는 북극이 지구온난화를 연구하기에 가장 좋은 곳이라는 점입니다. 북극은 비교적 인간의 발길이 닿지 않은 곳이에요. 그래서 조그만 변화에도 바로 반응을 보입니다. 마치 하얀 종이에 잿빛 먼지가 묻어 있으면 검은 종이에 묻었을 때보다 더 잘 보이는 것처럼 말이지요. 게다가 그 변화는 지구 전체 기후에 영향을 줍니다. 그래서 과학자들은 북극을 '지구 기후의 잣대'라고 부르지요.

우리나라는 2002년 4월, 국제북극과학위원회에 정회원으로 가입했습니다. 그 후 노르웨이령 스발바르 제도 스피츠베르겐 섬의 뉘올레순 국제

과학 기지 안에 실학자 정약용의 호를 따 다산과학기지를 설치했습니다. 이로써 북극에 기지를 설치한 열두 번째 국가가 되었어요. 또한 남극과 북극 모두에 기지가 있는 여덟 번째 국가가 되었습니다.

다산과학기지는 프랑스와 함께 사용하고 있습니다. 기지에는 최대 여섯 명의 연구원이 머물면서 연구를 합니다. 그런데 다산과학기지를 포함한 북극의 모든 연구원이 명심해야 할 사실이 하나 있어요. 북극곰은 사람을 해치기 때문에 실내가 아닌 곳에서는 반드시 총을 가지고 다녀야 한다는 점입니다. 무시무시한 북극곰이 있지만, 북극권은 우리나라처럼 천연 자원이 없는 나라에게는 매우 중요한 곳이므로 꾸준히 연구해야 합니다. 또 북극 연구는 북극권 국가들과 경제적으로 교류하는 데도 도움을 줄 수 있어요. 이러한 이유로 이곳 연구원들은 북극의 기후와 생물 연구, 해양 자원 탐사 등의 기초 과학 연구 등을 합니다.

오존층의 파괴

오존층은 오존을 많이 포함하는 대기층을 말합니다. 오존은 산소 원자 세 개로 이루어진 기체를 말해요. 지구를 둘러싸는 보호막 역할을 하지요. 땅에서부터 약 20~25㎞ 높이에 있고, 사람이나 생물에게 해로운 태양의 자외선을 97~99% 흡수해요. 오존층이 해로운 자외선을 막아 주어서 사람들과 생물들이 살아갈 수 있습니다. 만약 오존층이 자외선을 막지 못해서 자외선 양이 지나치게 많아진다면 우리 얼굴은 모두 타고, 식물도 마를 거예요. 식물이 마르게 되면 식물을 먹고 사는 다른 생물들도 살 수 없게 되지요. 그런데 이렇게 중요한 오존층이 자꾸 파괴되고 있어요.

오존층은 1980년부터 4%씩 줄어들고 있습니다. 특히 남극의 오존 감소 문제는 심각합니다. 과학자들의 연구에 따르면 남극의 오존층 감소 문제는 염화플루오린화탄소에서 나오는 염소가 주원인이라고 해요. 염화플루오린화탄소는 냉장고를 차갑게 만드는 데 쓰이는 물질입니다. 그런데 이 물질이 자외선을 쬐게 되면 염소를 만들고, 그 염소가 오존을 파괴해요. 이러한 오존층 파괴는 극지방에 큰 영향을 끼칩니다. 오존층이 파괴되어 자외선이 그대로 지구로 들어와 식물 플랑크톤의 성장을 방해해서 식물 플랑크톤의 양이 줄어들었다는 발표도 있었어요. 플랑크톤이 줄어들면 크릴새우의 양도 줄어들어서 생태계에 문제가 생길 테니 사람들의 걱정이 이만저만

이 아니었습니다.

오존층 파괴를 막기 위해 1987년에 세계 여러 나라가 몬트리올의정서를 정식으로 채택했습니다. 몬트리올의정서는 프레온가스 등 오존층을 파괴하는 물질을 쓰지 않기로 한 약속이에요. 프레온가스는 냉장고, 에어컨 등에서 다른 물체의 열을 끌어가는 가스입니다. 이 밖에도 스프레이나 소화기의 분무제로 사용되어요. 여름에 에어컨 사용을 줄이고, 프레온가스가 들어가는 스프레이를 사용하지 않으면 오존층 보호에 도움이 됩니다.

남극의 수호천사 그린피스

지구온난화 문제가 심각한 요즘, 전 세계적으로 수많은 환경 단체가 활동하고 있습니다. 그중 대표적인 단체가 그린피스예요. 그린피스는 고대 숲 보호, 고래잡이 중지, 바다 살리기, 핵무기 반대, 독성 화학물 없애기, 무역할 때 자연을 파괴하지 않기 등의 주장을 합니다. 고래 보호 단체로도 유명해요.

그린피스라는 말을 우리말로 바꾸면 녹색 평화 단체로 부를 수 있습니다. 녹색 평화라고 이름 지은 까닭은 무엇일까요? 그린피스의 원래 이름은 핵실험을 하지 말라는 의미의 '파문을 만들지 마시오'였습니다. 이들이 핵실험 반대 시위를 하기 위해서 내건 깃발이 녹색 깃발이었는데, 그 깃발에 적힌 글이 '그린피스'였어요. 지구에 좀 더 관심을 갖고, 핵실험에 반대한다는 뜻을 담아서 녹색 지구와 평화를 합해 지은 이름입니다.

거리 한복판에서 현수막을 들고 환경 운동을 하고 있는 그린피스 활동가들.
ⓒ Greenpeace Finland@the Wikimedia Commons

그린피스는 남극 기지에 대해 철저한 감시를 펼치고 있습니다. 혹시 기지에 머무

는 사람들이 연구하며 자연을 파괴할까 걱정되기 때문이에요. 사실 그린피스는 정부 기관이 아니라서 특별한 힘을 갖고 있지는 않습니다. 하지만 극지방에 기지를 둔 국가들 또한 극지방의 환경을 보호하기 위해 노력하고 있으므로, 그린피스에 협조합니다. 우리나라가 세운 세종과학기지 역시 그린피스에게 협조하며 자연을 지키기 위해 노력하고 있어요.

TIP 요건 몰랐지?

빙산 이사 시키기

마실 물이 없어서 어려움을 겪는 나라들이 있습니다. 늘 물이 부족하고, 조금 있는 물도 깨끗하지 않지요. 그래서 그곳 사람들은 멀리까지 나가 물을 긷고, 더러운 물을 그냥 마시는 등 힘겹게 생활합니다. 이런 나라를 물 기근 국가라고 하고, 이보다는 물이 많지만 풍요롭지 않은 나라를 물 부족 국가라고 합니다. 우리나라는 물 부족 국가에 속합니다.

먼 훗날 우리나라에 물이 심각하게 부족해지면 어떻게 해야 할까요? 외국에서 수입하거나 열심히 지하수를 찾으면 될까요? 실제로 이런 고민을 한 사람이 있습니다. 바로 사우디아라비아의 모하메드 알 파이살 왕자예요. 사우디아라비아는 사막 기후입니다. 비 오는 양이 무척 적고, 식물도 거의 자랄 수 없는 곳이지요. 그래서 물이 무척 귀합니다. 사우디아라비아의 왕자는 어떻게 하면 물을 구할 수 있을지 궁리했습니다. 그러다가 빙산을 가져와서 쓰면 좋겠다고 생각했어요. 실제로 프랑스 과학자와 함께 회사를 만들어 연구했지만 결국 실패하고 말았습니다. 가져오는 동안에 빙산이 녹고, 빙산을 모으고 실어 오는 비용이 너무 많이 들었기 때문입니다. 그러나 함께 연구하던 프랑스 과학자가 2003년부터 다시 연구하고 있으니 언젠가는 빙산을 옮겨 왔다는 소식을 듣게 되지 않을까요?

Q&A 꼭 알고 넘어가자!

문제 1 극지방의 얼음이 점점 녹고 있습니다. 극지방의 얼음이 녹는 데 가장 큰 영향을 끼치는 현상은 무엇일까요?

문제 2 과학자들은 극지방의 연구가 중요하다는 사실을 깨닫고, 협력하여 연구하고 있습니다. 극지방의 연구는 왜 중요할까요?

3. 남극에 있는 우리나라 과학 기지의 이름은 세종과학기지입니다. 남극의 킹조지 섬 바턴 반도에 위치하고 있어요. 북극에 있는 과학 기지의 이름은 다산과학기지로, 노르웨이령 스발바르 제도 스피츠베르겐 섬의 뉘올레순 국제 과학 기지 안에 있습니다. 우리나라는 남극과 북극 모두에 기지가 있는 여덟 번째 국가입니다.

4. 대표적인 세계적 환경 보호 단체로는 그린피스가 있습니다. 그린피스는 남극 기지를 철저히 감시하고 있어요. 그곳에 사람들이 머물면서 혹시나 자연을 파괴할지도 모르기 때문이에요. 그린피스는 정부 기관이 아니라서 특별한 힘이 있지는 않지만 극지방에 기지를 둔 국가들은 그들의 환경 운동에 협조하고 있습니다.

문제 3 우리나라도 남극과 북극 모두에 과학 기지가 있습니다. 이 과학 기지의 이름은 무엇일까요?

문제 4 남극을 보호하는 것은 물론 여러 환경 문제에 관여하고 있는 대표적인 세계적 환경 보호 단체는 무엇일까요?

정답

1. 지구온난화입니다. 지구온난화는 이산화탄소나 메탄 같은 온실가스 때문에 일어납니다. 석유와 석탄 등을 쓰면 온실가스가 생기는데, 이 온실가스가 지구온난화를 일으킵니다.

2. 극지방을 지키고 보호해야 하기 때문입니다. 만약 지구온난화 때문에 남극과 북극의 얼음이 모두 녹으면 많은 육지가 물에 잠길 거예요. 또 극지방의 찬 기운이 적도 쪽으로 흘러가서 지구의 온도를 조절하므로 얼음이 녹으면 안 됩니다. 지구의 기후에 따라서 생태계가 영향을 받는 등 기후 변화는 지구 전체에 중요한 영향을 끼치므로 늘 연구하고 관심을 두어야 합니다.